La Ragazza col Cuore Infranto :

Poesie, Pensieri e Frasi Motivazionali di un anima resiliente

EMILY J. COLLINS

Copyright 2023 by   EMILY J COLLINS
- All rights reserved.

This document is geared towards providing exact and reliable information in regards to the topic and issue covered. The publication is sold with the idea that the publisher is not required to render accounting, officially permitted, or otherwise, qualified services. If advice is necessary, legal or professional, a practiced individual in the profession should be ordered.

From a Declaration of Principles which was accepted and approved equally by a Committee of the American Bar Association and a Committee of Publishers and Associations.

In no way is it legal to reproduce, duplicate, or transmit any part of this document in either electronic means or in printed format. Recording of this publication is strictly prohibited and any storage of this document is not allowed unless with written permission from the publisher. All rights reserved.

The information provided herein is stated to be truthful and consistent, in that any liability, in terms of inattention or otherwise, by any usage or abuse of any policies, processes, or directions contained within is the solitary and utter responsibility of the recipient reader. Under no circumstances will any legal responsibility or blame be held against the publisher for any reparation, damages, or monetary loss due to the information herein, either directly or indirectly.

Respective authors own all copyrights not held by the publisher.

The information herein is offered for informational purposes solely, and is universal as so. The presentation of the information is without contract or any type of guarantee assurance.

The trademarks that are used are without any consent, and the publication of the

La Ragazza col Cuore Infranto

trademark is without permission or backing by the trademark owner. All trademarks and brands within this book are for clarifying purposes only and are the owned by the owners themselves, not affiliated with this document.

All rights reserved. No part of this book may be used or reproduced in any form whatsoever without written permission except in the case of brief quotations in critical articles or reviews.

Printed in the United States of America.

ISBN - Paperback: 978-1-80362-722-9

First Edition: Marz 2023

EMILY J. COLLINS

La Ragazza col Cuore Infranto

EMILY J. COLLINS

TABLE OF CONTENT

04	C eri Tu, C ero Io
06	Sei Poesia
07	Non Posso...
08	Ombre del Passato
11	Tu Sei Speciale
12	RIcoro D Amore
13	Fotografie

TABLE OF
CONTENT

18	Parte di Me
20	La Luna
28	Ombra e Silenzi
30	Il Tempo
46	Rinascita
50	Silenzi
52	Lamento D Amore

TABLE OF
CONTENT

57	La Luce nella Tempesta
59	L'Eco di un Cuore Infranto
60	Amore In(Finito)
63	Essere
66	Remember
69	Mi Manchi...
71	Ragazza Guerriera

EMILY J. COLLINS

TABLE OF CONTENT

75	Donna Forte
79	Speciale
81	Risveglio
86	Dolore
88	Cuore Infranto
99	Solitudine
111	Ragazza Solitaria e il Mare

C´Eri Tu, C´Ero Io

Prima c'eri tu, prima c'ero io,
una spensierata ragazzina, sogni al vento.
Ma la vita, come un fiume in discesa,
ci ha uniti in un noi, tutto perfetto e intenso.

C'è stato un tempo in cui eravamo noi,
un insieme di cuori, sogni e poi?
Ora ci sono io, più forte di prima,
un rinnovato spirito, un'anima.

La spensieratezza è cresciuta, ma non persa,
ho imparato la forza, la vita è una corsa.
Prima e dopo, nella mia storia disegnata,
c'è la resilienza, la forza ritrovata.

EMILY J. COLLINS

Ogni fine segna l'inizio di una nuova possibilità. Non permettere al passato di definire il tuo futuro

Sei Poesia

Se la strada è irta, cammina con coraggio,
ogni passo è un pilastro del tuo viaggio.
Sii il pittore della tua tela, l'architetto del tuo destino,
nella tela della vita, sii il tuo miglior disegno.

Ogni giorno è un capitolo, ogni sorriso una vittoria,
nella tua storia, scrivi con passione e gloria.
Sotto il cielo aperto, dove l'avventura fiorisce,
sei la poesia viva, l'anima che ringiovanisce.

EMILY J. COLLINS

Non Posso

Non Posso vivere con Te...
Non Posso Vivere senza di Te...
Sono due affermazioni contrapposte
Come le Nostre Anime, Come le nostre Strade
Non ci saranno altre Certezze,
Ne´ altre Carezze,
ma solo altri Quesiti e domande
Che non avranno risposte.

Ombre del Passato

Non temere l'ombra che il passato disegna,
sei l'architetto del tuo domani, l'anima che insegna.
Sulle ali dei sogni, solca il cielo aperto,
sii il capitano della tua nave, il tuo porto.

Le stelle nel buio sono promesse di speranza,
affronta ogni tempesta, con ardente fiducia.
Nel canto del cuore, troverai la tua melodia,
la poesia della vita, la tua storia preziosa.

Se la strada è irta, cammina con coraggio,
ogni passo è un pilastro del tuo viaggio.
Sii la Pittrice della tua tela, l'architetto del tuo destino,
nella tela della vita, sii il tuo miglior disegno.

EMILY J. COLLINS

Nel calore avvolgente del mattino, il profumo del caffè
danza sottile,
come un ricordo antico, un destino,
ritorni a me, dolce e sottile.

La Moka canta la tua melodia,
lentamente il caffè danza nell'aria,
memorie risvegliate, l'anima s'invola,
nell'ebbrezza di una storia rara.

E come note di una canzone antica,
la tua voce risuona nella mente,
un'emozione che cresce, che infittisce,
un ritorno dolce, sempre presente.

E così, tra la Moka e la melodia,
 si accende un fuoco nell'anima mia,
 ricordi e emozioni si fondono,
come una poesia che l'amore suona.

E mi ritorni in mente quando sento il profumo del caffe
che esce lentamente dalla Moka,
E mi ritorni in mente quando sento quella Canzone,
la mia Anima si infuoca,
e si accende un Emozione

La Ragazza col Cuore Infranto

EMILY J. COLLINS

Tu Sei Speciale

Tu sei Speciale
cerca di ricordarlo sempre
anche quando ti sembra
che nessuno se ne accorga abbastanza
che non ti venga data
la giusta Importanza.

Tu sei speciale,
custode di stelle in notti d'incanto.
Quando l'ombra tenta di offuscare la tua luce,
ricorda, sei la melodia di un'arpa dolce.

Ricordi D´Amore

I ricordi sono come fotografie
A volte sbiadiscono,
Si perdono nel fondo di un cassetto
Ma a volte basta niente per farli ritornare a mente

Il tempo scorre
La Gente mente e Finge di stare bene
Sorridente, come nelle in delle fotografie
Che non vorresti piu´ vedere

Le fotografie della vita, un album di emozioni,
sbocciate nel sorriso e nell'illusione.
Ma il tempo svela la verità nascosta,
tra le righe delle storie che la gente racconta.

EMILY J. COLLINS

Fotografie

A volte guardo le Nostre Fotografie e avrei voluto fermare il tempo,
in quel momento era tutto perfetto
ero felice, eri felice.

Avevo te,
avevo Tutto.
Tu eri Me ,
Tu eri Tutto.

Avevo te, avevo tutto il cielo stellato,
eri il riflesso di me, il nostro legame incantato.
In quei ritratti di giorni senza fine,
tu eri tutto ciò che desideravo, il mio confine.

Ma il tempo sfugge, un fiume inesorabile,
le fotografie sono solo frammenti instabili.
Eppure, nel cuore, quel ricordo persiste,
quell'istante perfetto, un amore che resiste.

La Ragazza col Cuore Infranto

Nelle giornate grigie, tu sei il raggio di sole,
la rugiada che l'erba accarezza con dolce parole.
Non smettere mai di credere in te stessa,
sei l'artista di una tela in continua bellezza.

Anche se il mondo può sembrare distante,
la tua essenza è un faro, brillante e costante.
Quando il silenzio intorno sembra muto,
tu sei la poesia in ogni suo minuto.

EMILY J. COLLINS

Ho bisogno di rinascere
Ho bisogno di sentirmi viva
Sento di avere il bisogno di te
Di averti qui accanto
Ma in realta' ho un disperato bisogno di me

Nel disperato bisogno di me, troverò la forza,
come un fiore che sboccia, senza rimorso.
Ho bisogno di risvegliare la mia essenza,
di ritrovare me stessa, con nuova coerenza.

Volare

Con te ho imparato a volare alto,
come ali leggere in un cielo vasto.
L'ebbrezza del bene, sapore dolce,
ma poi sei svanito, come un soffio d'addio.

Da te ho preso il volo, nel cielo di emozioni,
ma ora resto sola, fra ceneri e illusioni.
Ti prego, riaccendi quel fuoco d'aria,
non lasciarmi giù, in questa oscura valle solitaria.

Affogo nei ricordi, mi manchi, lo sento,
come un mare profondo, il tuo assente vento.
Sono cenere senza il tuo calore,
ho bisogno di te, del tuo ritorno, mio cuore.

Lasciami volare ancora, nell'azzurro del desiderio,
non lasciarmi sola, nel buio di questo inverno.
Il tuo mancato peso mi fa affogare,
mi manchi, tu, l'essenza del mio eterno.

EMILY J. COLLINS

Cosa Sarebbe

A volte il "cosa sarebbe" danza nei pensieri,
un sogno interrotto, tra i sussurri e i misteri.
A volte il vero tra noi è un'ombra inquieta,
ti penso ancora, come una melodia incompleta.

In quei momenti di pensiero, ti ripenso,
un nodo nel cuore, un desiderio intenso.
Mi chiedo quando il passato smetterà di chiamare,
come potrò dimenticare, come potrò lasciare.

Ma nell'eco di questi "a volte" troverò,
la forza di voltare pagina, di andare.
E forse, con il tempo, il ricordo svanirà,
e nei pensieri, nuovi sorrisi fioriranno.

Parte Di Me

Tu che eri parte di Me

Ora Riparto da Me

Tu che eri con me e ora Non ci sei Piu'

Sei come delle Parole mai sussurrate,

Che ti rimangono dentro

Che ti fanno male

E avresti voglia di rivivere quelle giornate

Ma quelle giornate sono passate,

e rimarrai vivo solo nei miei ricordi.

EMILY J. COLLINS

La vita e´ strana,

Ci si innamora di uno sconosciuto,

di uno che probabilmente non ti sarebbe mai piaciuto

La vita e´ strana

Al minimo errore non ti perdona

Come chi prima ti seduce e poi ti abbandona.

La Luna

Sotto il cielo stellato, noi e la Luna,
un istante in cui la distanza si fa bruma.
Chilometri non contano, né la vastità,
nell'osservare la Luna, c'è connessione e verità.

Guardiamo lo stesso satellite, tu e io,
nonostante il divario, sento il tuo calore così.
Come se la Luna, complice e confidente,
ci avvicinasse, nonostante l'infinita corrente.

Mi piace guardare la Luna, pensando a te,
un'immagine condivisa, dolce e fedele.
Tra i chilometri, la distanza scompare,
nell'abbraccio lunare, il nostro amore aleggia nell'aria

E se entrambi guardassimo la Luna
Nello Stesso Giorno, Allo Stesso Orario
Vedremmo per un attimo la stessa immagine
Lo Stesso Scenario.

EMILY J. COLLINS

Quando la nostalgia sale

Stringimi forte

Quando fa freddo e tira forte il vento,

Stringimi forte

Non ho bisogno che tu mi dica tanto,

Ho solo bisogno di sentirti accanto.

Di sentire il tuo Respiro vicino,

mi da la forza di continuare la strada

del Mio Cammino.

La Ragazza col Cuore Infranto

La vita e´ troppo breve.
La Speranza non Ha vita eterna
Fino a quando c´ e la vita
Fino a quando c´e un cuore che batte
C´e´ una Storia che ancora non e´finita

EMILY J. COLLINS

A volte ho come l'Impressione

Che si cammini per non restare fermi

Che si nuoti per non affogare

Che si stia insieme per paura di rimanere soli

Che si vive assieme

Che si muore da soli

Ogni Giorno Esco di Casa
E spero di incontrarti
Ripercorro le stesse strade
Ripercorro quei Momenti
Ma alla fine Non ti vedo
Ma ti sento

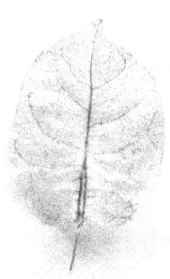

EMILY J. COLLINS

La nostra Storia era musica
La Nostra Storia era Magica
Ora sento solo un rumore
E´l´eco delle tue parole, delle mie parole
Quelle non dette, ma sussurate dentro
La Nostra Storia e' passata
E la Magia per Incanto e' stata Infranta.

La Ragazza col Cuore Infranto

Tu eri uno sconosciuto
Sei diventato il mio mondo,
il mio Tutto
Ora Sei Solo un Ricordo
Spero che un giorno
Ti dissolverai e non sarai
Nemmeno Quello

EMILY J. COLLINS

Non Posso vivere con Te

Non Posso vivere senza di Te

A volte sto male quando ci separiamo

Non a volte, anzi Sempre

Faccio finta di stare Bene, mento a me Stessa

Ho esaurito le risposte

Le cose a volte accadono senza Un Motivo

Probabilmente Non Ti Interessa

Ma senza di Te, Io non Vivo.

Ombre e Silenzi

Nel silenzio dell'amore defunto,
eco di risate ora svanite.
Le stelle nel nostro cielo spento,
guardano da lontano, mute testimoni.

Tra le ombre della nostra storia,
un amore che ha perso la via.
Nel buio dell'addio, cercando luce,
restano solo ricordi da piangere.

EMILY J. COLLINS

Sulle rive dell'amore infranto,
onde di rimpianto lambiscono.
Il naufragio dei nostri sogni,
i nostri cuori ora separati

Navigano da Soli e Lontani
In un Mare Agitato
Di una Notte di Tempesta
Come due Coordinate che non
Combaciano.

Il Tempo

Nel vortice del tempo, vorrei fermare,
le lancette dell'orologio, farle indietreggiare.
Rivivere quei momenti, dolci e perduti,
con l'amore che nei ricordi si è intrufolato.

Sulle ali della nostalgia, il cuore viaggia,
tra risate e sguardi, gioie senza taglia.
Vorrei catturare il battito di quei istanti,
nel calice dei giorni, preziosi e vibranti.

Fermare il tempo, come fotografia sospesa,
ritornare a quei luoghi, dove l'amore pesa.
Sulle strade del passato, camminare insieme,
nel richiamo del cuore, nel suo dolce regime.

Le stagioni scorrono, inesorabili, rapide,
vorrei fermare il tempo, in un abbraccio intrepido.
Sentire di nuovo il calore di quei baci,
nella danza dell'eternità, senza ambiguità.

Ma il tempo è un fiume che scorre senza tregua,
e noi, come foglie, portati via dalla legge sua.
Resta solo il desiderio di un ritorno,
un richiamo che nell'anima si fa intorno.

Così nel fluire dell'orologio, sospeso,
vivo nel sogno di quel tempo, acceso.
E mentre il presente si snoda in avanti,
nel cuore serbo quel passato, in eterno amante.

EMILY J. COLLINS

Sui sentieri dell'addio camminiamo,
orme di un amore cancellato.
Il vento del cambiamento soffia forte,
trascinando via le promesse infrante

La Ragazza col Cuore Infranto

Nel crepuscolo dell'amore svanito,
ombre di un passato che si dissolve.
I nostri cuori, foglie cadute d'autunno,
una storia d'amore, ora conclusa.

EMILY J. COLLINS

Tra le righe di un amore perduto,
come pagine di un libro scolorito.
Il capitolo dell'usato da chiudere,
un cuore spezzato da rimettere.

Nel giardino dei nostri sentimenti,
fiori appassiti, una dolce amarezza.
Le risate che una volta danzavano,
ora si sono trasformate in un silenzio.

EMILY J. COLLINS

Sulle pagine ingiallite del passato,
la nostra storia traccia un percorso.
Capitoli di amore, dolce e amaro,
chiudono ora con un punto finale.
E sento il vento battere forte
Un rumore funesto come in un temporale
E mi sento sempre piu´sola
Nessuno che mi consola ed e´
In quel momento che la nostalgia mi assale

Sulle sponde del fiume dei ricordi,
l'amore scorre, ma la corrente cambia.
Gli abbracci diventano distanze,
le parole perdono il loro significato.

EMILY J. COLLINS

Nel crepuscolo dei nostri sogni condivisi,
l'ombra dell'addio si allunga lentamente.
Il sole dell'amore tramonta silenzioso,
lasciando dietro di sé un cielo notturno.

La Ragazza col Cuore Infranto

Tra le pieghe del nostro destino,
un amore che si perde nel labirinto.
Le strade che una volta camminavamo,
ora sono crociate da barriere invisibili.

EMILY J. COLLINS

Sui gradini dell'addio saliamo,
scendendo lentamente dalle vette.
La montagna dell'amore, ora un pendio,
che ci separa con dolce amarezza.
Con te ero sulla vetta,
Stavo bene e guardavamo il mondo dall'Alto
Ora sento solo l Asfalto
Di una strada vuota che ripercorro da Sola.

La Ragazza col Cuore Infranto

Tra le stelle del nostro cielo,
una costellazione si sgretola.
Le promesse come polvere cosmica,
disperse nell'infinito dell'oblio.
Il nostro Amore si e´ Perso,
quella fiamma si e´ Spenta
la cosa che piu´ mi Spaventa
e´ Sapere che non farai piu´ Parte del mio Universo.

EMILY J. COLLINS

Vorrei Poter Fermare il Tempo,
Ma il Tempo Non Si Puö Fermare;
Solo per rivivere quei momenti,
quegli attimi, vissuti con te.
Ma il Tempo Non SI puö Fermare,
e tutto scorre Inesorabilmente,
cosi come te che non sei piu parte
del Mio Presente.

Nel crepuscolo del nostro amore eterno,
ombre si allungano, abbracciando il
tramonto.
La melodia dei nostri cuori, ora silenziosa,
sotto il peso delle parole non dette.
Delle promesse fatte e non mantenute,
Dei momenti vissuti insieme che
Come il Tempo non potranno mai tornare
indietro

EMILY J. COLLINS

Nel libro del cuore, una pagina chiusa,
la storia d'amore, un sogno svanito.
Sotto il cielo serale, stelle confuse,
 raccontano di un legame ormai fuggito.
Era il nostro tempo, un'armonia perfetta,
dove le risate danzavano nell'aria leggera,
ma l'amore, come foglie, cadde a mala pena,
lasciando il cuore avvolto in una triste primavera

Nel silenzio, le promesse si sono sciolte,
come petali sfioriti al vento dell'addio,
e le emozioni, come onde, si sono
stanche, lasciando il mare dell'anima in
un gelido rintocco.
Le carezze, ormai eco di un tempo
passato,
si sono dileguate nell'oscurità del
rimpianto, mentre il bacio, in un destino
sospeso e infranto,
è diventato solo un ricordo, un lontano
incanto.

EMILY J. COLLINS

Nelle notti insonni, il cuore ferito sospira,
canta melodie di un amore che è andato via,
le lacrime, segrete compagne della solitudine,
tracciano sul viso il racconto della fine.

Le stelle, testimoni silenziosi di un destino,
vedono il cuore raccogliere ogni frammento,
mentre il vento, complice del suo tormento,
porta via il dolore in un oscuro vissuto.

Così, tra le notti insonni e il chiarore del mattino,
il racconto dell'amore finito trova un epilogo,
un capitolo che si chiude,
un nuovo inizio,
dove il cuore impara a vivere,
 a essere ancora pittore.

Rinascita

Così la ragazza, nella sua storia infranta,
trova la forza di rinascere da ogni frattura,
sulle ali della speranza, la sua anima incanta,
e scrive nuovi capitoli di amore e avventura.

Cammina tra le rovine del suo ieri, la ragazza,
con il cuore ancor leggero, raccoglie i frammenti,
ogni pezzo di mistero,
e nei suoi occhi si riflette il sole che sorge.

E così, la ragazza, con il cuore ora saldo,
intreccia il suo destino in nuovi intrecci,
sulle pagine bianche della sua storia d'amore,
dipingendo il futuro con colori freschi e ricchi.

EMILY J. COLLINS

Vorrei Poterti Sentire al Mio Fianco,
Vorrei sentire il tuo profumo,
La tua Voce,
Il rumore dei tuoi Passi.
Ma l unica cosa che sento,
e´ il dolore della tua assenza

L Amore che provo per Te,
Non l ho provato nemmeno per me Stessa,
Peccato che eri troppo impegnato a amare te Stesso,
Per accorgerti di tutte le mie Rinunce,
Delle mie Speranze
E di tutti quei Sogni che avevo,
e che adesso sono Infranti.

EMILY J. COLLINS

Tutto tace tra di Noi,
Nessun Rumore, Nessuna Speranza.
Prima c´era un Infinita' di Suoni
Ma ora, Tutto Tace tra di Noi.

Nessuna Parola, Nessun Messaggio
Mi trovo Sola davanti un Triste Paesaggio
Non Odo nulla, perche
Tutto Tace tra di Noi.

Silenzi

Nel silenzio denso tra di noi,
nessun eco, nessuna speranza.
Prima, un universo di suoni,
ora, un mutismo che avanza.

Nessuna parola, nessun segno,
sola di fronte a un paesaggio grigio.
Non pervengono messaggi, né richiami,
il silenzio avvolge ogni mio pensiero.

Il vuoto è il solo compagno,
tra le parole mai pronunciate.
Il triste paesaggio si dipinge,
nella mudezza di ogni frase mancata.

Ma in questo silenzio, un invito,
a cercare il linguaggio dell'anima.
Forse in quel mutismo troviamo,
la melodia di un amore che trascende.

E così, tra le pieghe del silenzio,
scaturisce una poesia silente.
Dove l'assenza di suoni si trasforma,
in un dialogo tra cuori, persistente

EMILY J. COLLINS

Sotto l'ombra dell'Amore Perduto

Nell'abisso di un cuore spezzato,
dove le promesse si sciolgono in lacrime,
l'amore perduto danza come un'ombra,
in un mondo d'addio e sogni dimezzati.

Sotto cieli grigi di malinconia,
i ricordi bruciano come fiamme mute,
tra le pieghe dell'anima ferita,
si intreccia la sofferenza, sorda e acuta.

Il tempo si fonde in un eterno presente,
dove il dolore è un canto senza fine,
le emozioni scolpiscono il silenzio,
in questa danza di cuori che declina.

Ma tra le rovine dell'amore smarrito,
si apre un varco di rinascita,
come un fiore tra le macerie,
la speranza germoglia, pur sconfitta.

Lamento d'Amore

Nel caleidoscopio dei giorni svaniti,
la sofferenza si erge come un lamento,
un'arpa di cuori infranti suona,
nel teatro delle ombre di un amore spento.

Le lacrime scorrono come fiumi salati,
tracciando sentieri sulla pelle dell'anima,
sotto il peso delle promesse disattese,
l'amore si dissolve, come sabbia in balìa del vento.

Le parole non dette fluttuano nell'etere,
come fantasmi di emozioni represse,
nel crepuscolo dell'affetto tradito,
si consuma il dramma, senza promesse.

Eppure, nel lamento dell'amore ferito,
c'è una melodia che cerca riscatto,
la sofferenza diviene poesia,
nell'abisso dell'anima, un nuovo contratto.

EMILY J. COLLINS

Tra le Ombre di un Cuore Infranto

Sotto l'arco di un cielo grigio d'inverno,
una ragazza innamorata, cuore lacerato.
Il suo sguardo, una finestra su un dolore interno,
nelle pieghe dell'amore, un passato scolpito.

Tra le dita, frammenti di promesse disperse,
come petali caduti da un fiore appassito,
il cuore infranto, eco di dolci speranze,
in una danza triste, un'armonia smarrita.

Nel silenzio della notte, un lamento sottovoce,
un'orchestra di sentimenti in dissonanza,
sogni infranti, come vetri su un pavimento,
la ragazza innamorata, danza nella sofferenza.

Sulle tracce di un amore ormai svanito,
naviga nell'oceano dei ricordi spezzati,
i suoi occhi, stelle che piangono nel buio,
tra le ombre di un cuore che fu innamorato.

La Ragazza col Cuore Infranto

Ma nell'abisso della sua tristezza, una luce,
la forza di risorgere dalle ceneri dell'afflizione,
poiché anche tra le rovine di un cuore spezzato,
l'amore può rinascere, come una nuova canzone.

EMILY J. COLLINS

Il Balletto di un Cuore Tormentato

Nel palcoscenico dell'amore, una ragazza sola,
con il cuore infranto, una danza senza brio.
Il sipario si alza su un passato di melodia,
mentre i sogni si sbriciolano, cadono a pezzi.

Sulle note tristi di un valzer d'addio,
le promesse, un'eco nel silenzio della stanza,
la ragazza innamorata, un fiore ferito,
petali caduti in un vortice di speranze mancate.

Le lacrime, gocce di pioggia sulla scena,
accompagnano il suo balletto di dolore,
i ricordi, danzano come ombre fantasma,
nel cuore infranto, un'orchestra di sospiri.

Il suo corpo si muove tra le ombre dell'incanto,
un'armonia di tristezza, maestosa e dolente,
i passi segnano la coreografia dell'abbandono,
mentre il palco si tinge dei colori del tormento.

Eppure, nel dramma di un cuore spezzato,
c'è la promessa di una risurrezione,
una speranza che germoglia nei crepacci,
come un raggio di luce nell'oscurità del suo essere.

La Ragazza col Cuore Infranto

Così, la ragazza innamorata, nel balletto della sua pena,
trova la forza di ricominciare, di riscrivere la scena,
e mentre il sipario si chiude su un capitolo sofferto,
si apre il nuovo atto di un amore, ancora da inventare.

EMILY J. COLLINS

La Luce nella Tempesta

Nella tempesta dell'anima, fitta e oscura,
una luce vacillante, sola e pura.
Come un faro nell'oceano di tormenti,
rischiara l'abisso di pensieri dolenti.

Tra le nuvole grigie di un cielo afflitto,
una fievole luce, timida ma invitta.
Risplende come un raggio smarrito,
nella danza silenziosa di una vita.

Tu eri la Mia Luce,
che illuminava il Grigiore della mia Vita,
Che con un solo Sorriso,emanava Calore,
riscaldando il mio freddo Cuore

Tu eri una Luce nella Tempesta,
che mi Illuminava,
Nella Noia della Monotonia,
e mi Sussurava,
Parole che echeggiavano nel Mio Cuore,
e che andando via Lentamente,
Si Dissolvono come una Luce che Spenta
Lasciando Le tenebre di un anima Funesta.

Silenzioso il cuore, nel dolore che pesa,
nell'addio che danza come foglia al vento.
Le labbra sussurrano parole di fine,
l'amore si eclissa, senza rimpianti, ma intenso.

Emily Tucson

EMILY J. COLLINS

L´Eco di Un Cuore Infranto

Nell'eco di un cuore infranto, un lamento,
note tristi risuonano nel firmamento.
Le promesse disperse si riflettono,
come riflessi in uno specchio d'abbandono.

L'eco, un canto che si perde nell'aria,
tra le pieghe del dolore, senza scampo.
Risponde solo il silenzio, freddo e amaro,
nell'abisso di un amore troppo raro.

Ma nell'eco, forse, c'è un sussurro,
un richiamo a una fuga dal buio.
Il cuore infranto può risuonare ancora,
come un'armonia in cerca di un'aurora.

Un Amore In(Finito)

Tra le pagine di un amore in(Finito),
il racconto si svela, un dramma scritto.
Era un'epopea di sogni infiniti,
ora il cuore canta note smarrite.

L'orizzonte prometteva eternità,
come il cielo stellato nella serenità.
Ma le stelle ora si sono nascoste,
il destino ha lasciato il suo costo.

Era il respiro di un amore senza fine,
ora il vento soffia, freddo e maligno.
Le promesse sfumano, come nebbia al mattino,
l'amore in(Finito) racconta il suo destino.

Le parole, un tempo, come poesia suonavano,
ora si perdono nell'eco di un cuore che piangeva.
Le lacrime narrano di un addio sentito,
nell'amaro epilogo di un amore in(Finito).

Nel silenzio, le cicatrici raccontano storie,
delle emozioni che furono, ormai memoria.
L'amore si sgretola come sabbia tra le dita,
un epilogo che cancella le promesse infinite.

Ma nel (Finito), forse, un nuovo inizio si cela,
una trama ancora da scrivere, una favola.
E mentre il cuore guarisce dalle ferite,
un amore nuovo si insinua, delicato e infinite.

Teorema sull´Amore

Non Sono mai Stata Brava in Matematica
Tra quei numeri quelle cifre la mia Fatica,
Complessi Equilibri e Le Astratte Geometrie
Sono difficile da ricordare;

Ma il tempo, implacabile matematico,
E riesco a contare le ore,
I Minuti, I Secondi
Dall´Ultima volta che le nostre anime
Si sono sfiorate prima del Nostro Destino Tragico.

EMILY J. COLLINS

Essere

Ricordati di essere te Stessa,
anche se a volte non e´ facile
e ti senti a Pezzi
e ti senti Fragile, in frantumi come un Cristallo.

Ricordati di essere te stessa,
anche quando ti senti sola e smarrita.
Melodia lontana, fisarmonica nel cuore,
usata, suonata, gettata in un cassetto.

Ricordati di essere te stessa,
come un fiore selvatico nel vento.
Anche quando la malinconia è tangibile,
tu sei l'artista di questo tuo momento.

Ricordati di essere te stessa,
anche quando il mondo sembra un labirinto.
Nella solitudine, nella fragilità,
tu sei la chiave, l'ardente principio.

A tutte quelle milioni di Belle Parole, Avrei Preferito Un Solo Gesto.

Emily J. Collins

EMILY J. COLLINS

Se Fossi...

Se fossi un vento saresti un Maestrale,
Se fossi una stella saresti Sirio,
Se fossi una Costellazione Saresti Orione
Se Fossi un Segno Zodiacale saresti Scorpione
Se Fossi una Montagna, saresti L Everest
Se fossi un Pianeta, Saresti Giove
Se fossi ancora Mio
Saresti il mio Universo.

Remember

Ricordati,
Sei tu la persona piü Importante
Nella Tua Vita,
Gli altri vanno e vengono, fanno la Loro Comparsa
ma tu continui a essere
la protagonista Principale.

EMILY J. COLLINS

Il Cielo

Sotto il cielo stellato della tua anima,
dove l'amore è scolorito come un'antica china.
Rialzati, oh ragazza coraggiosa e forte,
la tua luce interiore è la chiave, la tua sorte.

Dopo la pioggia, il sole rinascerà,
troverai la forza, l'amore tornerà.
Tra i frammenti di un amore andato storto,
troverai la bellezza di un nuovo porto.

Scava dentro, ritrova il tuo sorriso,
la strada della rinascita è un paradiso.
Lascia il passato, solleva le vele,
troverai te stessa, tra cieli e stelle.

Sii audace, come il vento tra i capelli,
sorridi all'alba, cancella i singhiozzi e gli strilli.
Riscopri la tua essenza, la tua vera via,
la vita è un inno, danza con gioia e poesia.

Ama Te Stessa

Ricordati di Amare te Stessa,
cosi come hai amato la persona sbagliata
Ricorda che dovresti essere orgogliosa di te stessa
Di tutto quello che hai fatto,
Che hai subito,
Che hai superato,
Magari non ti ha reso felice,
ma ti ha resa forte,
pronta a rinascere una seconda volta
Proprio come una Fenice.

EMILY J. COLLINS

Mi Manchi...

Mi Manchi Tutti i Giorni,
Tutte le Ore, I minuti e i Secondi
Ma forse quello che mi manca di piu'
Ero Io quando stavo con te,
Quei Sentimenti,
Quelle Emozioni
Che mi facevano Stare Bene
Che ci facevano Stare Bene.
Mi Manca quella che Ero
Accanto a te.

La Ragazza col Cuore Infranto

Rinasce, oh spirito vibrante,
tra le ceneri di un amore strappante.
Il tuo cuore, un fuoco da risvegliare,
troverai forza nell'arte di ricominciare.

EMILY J. COLLINS

Ragazza Guerriera

Tra le battaglie silenziose di ogni giorno,
una ragazza guerriera danza nel vortice dell'aurora.
Nella forza del suo sorriso, risplende l'armatura,
un cuore audace, senza paura.

Oh guerriera, in ogni passo il tuo destino,
nel cammino della vita, sei il tuo proprio alchimista.
Forza in ogni battito, spirito che non si piega,
tu sei la poesia di una guerriera, forte e vera.

La Ragazza col Cuore Infranto

Tra le rovine di un amore passato,
sorgi, resiliente, nel presente agognato.
Ora, oh ragazza, raccogli i tuoi pezzi,
troverai te stessa, tra nuovi riflessi.

Solo tu sai quello che hai passato,
Solo tu quello che hai Affrontato,
Ora, Oh Ragazza raccogli i tuoi pezzi,
Ritroverai te Stessa e qualcuno che ti apprezzi.

EMILY J. COLLINS

Frammenti D´Amore

Tra i frammenti dell'amore, passato e distrutto,
risorgi, coraggiosa, nel presente in cui creduto.
Ora, oh anima, raccogli ogni brandello,
troverai te stessa, tra i riflessi del nuovo cielo.

Si forte e orgogliosa di te stessa,
come il vento che scuote la foresta.
Nella tua risalita, in ogni passo,
troverai la forza di essere tuo unico abbraccio.

Le ferite del passato sono ormai cicatrici,
testimoni mute del tuo coraggio che sfida.
Avanza con fierezza, splendi come stella,
Senti i battiti del tuo cuore,
dell amore, che provi per te stessa
che martella.

Tra Ombre e Silenzi

Tra ombre e silenzi, svela la tua luce,
un'anima vibrante, forte e profonda.
Nel buio, troverai la forza che induce,
a risplendere, a danzare sulla sponda.

Ombre lunghe narrano storie passate,
di giorni grigi e notti senza stelle.
Ma tu, ragazza, sei arte sfumata,
colori intensi nelle tue pennellate ribelli.

Il silenzio intorno può sembrare freddo,
ma tu porti una melodia nel cuore.
Sarai l'eco che rompe ogni nodo,
una canzone di forza, di pura armonia, di valore.

Nel silenzio, trova la tua voce,
nelle ombre, sfoggia la tua luce.
Sei il sole che sfiora l'orizzonte,
nella danza dell'anima, un inno costante.

Sii la melodia nei silenzi del destino,
disegna con la tua presenza il tuo cammino.
Tra ombre e silenzi, sorgi, irradia,
sei la storia viva, la tua poesia.

EMILY J. COLLINS

Donna Forte

Nel buio dell'anima, una luce attende,
donna forte, il tuo coraggio risplende.
Tra le fratture del passato, una nuova aurora,
raccogli i brandelli, inizia la tua storia.

Gli strappi nel cuore, cicatrici di battaglie,
ma sei una guerriera, non solo fragili.
Affranta, ma non spezzata, come il vento,
che sussurra di speranza, lieve movimento.

Le lacrime cadute, gocce di resilienza,
nella trama del dolore, trova coerenza.
Ogni frammento è un passo, un rinnovamento,
nell'affrontare la vita con coraggio e ardimento.

Solleva il tuo sguardo, donna coraggiosa,
sei come la fenice, risorgi, maestosa.
Affranta oggi, ma domani sarai forza,
una melodia di rinascita, dolce e sottile.

Tra le macerie, cresce il fiore dell'essere,
la tua forza, il tuo potere.
Affranta, ma ancora in piedi,
sii il sole che tra le nuvole sorride.

Sorridi, donna, alla vita e a te stessa,
sei la poesia che nella tempesta non si arresa.
Nell'affranto, scopri la tua bellezza,
il futuro attende la tua rinascita con certezza.

Guerriera

Nella danza delle lacrime, ella era un'artista,
una guerriera che il cuore seppe risanare.
Tra le pieghe dell'amore, cadde come la nebbia,
ma rinacque, più forte, come l'aurora saggia.

Occhi che raccontano storie di traversie,
nel loro splendore, una nuova poesia.
Affrontò tempeste, come una nave audace,
sulle onde del dolore, trovò la sua pace.

Le cicatrici sul cuore, testimoni del passato,
la trasformarono in un'opera, in un affascinante tratto.
Superò l'amore finito, come una guerriera,
scrisse la sua storia, con forza e bandiera.

Tra le rovine dell'antico affetto,
ella risorse, come un fiore imperfetto.
Il suo sorriso, un sole radiante,
dipinse un nuovo inizio, luminoso e vibrante.

La sua anima, un'armatura di coraggio,
danzava come le fiamme in un rito selvaggio.
Rifiutò la tristezza, abbracciò la luce,
la ragazza-guerriera, una storia di resurrezione felice.

EMILY J. COLLINS

Abbraccia la Vita

Nel cuore della tempesta, tu sei il calmo vento,
una ragazza forte, un'ancora nel tormento.
Le sfide non sono ostacoli, ma spazi da attraversare,
sei l'arte della resilienza, un canto nel mare.

Sotto il sole della tua essenza radiante,
risplendi come stella, audace e vibrante.
I tuoi sogni sono ali che ti sollevano in volo,
sei la guerriera del cuore, il coraggio è il tuo stendardo.

Abbraccia la vita, danza con le paure,
sei la poesia di forza, nelle tue avventure.
Tu sei la storia che scrivi ogni giorno,
una ragazza intensa, nel mondo di ogni ritorno.

La Ragazza col Cuore Infranto

Tra le pieghe del destino, danzi con grazia,
ragazza coraggiosa, in ogni tua mossa audace.
Le tue parole sono note di una melodia forte,
sei l'eco di una risolutezza che non ha conforte.

Sotto il cielo stellato dei tuoi sogni,
sei il fuoco che nei boschi risplende e risuona.
I tuoi passi sono sentieri di determinazione,
sei la poesia dell'anima, la tua canzone.

In ogni alba, rinasce la tua potenza,
come il sole che sorge, senza resistenza.
Affronti la vita con occhi di speranza,
sei la pietra fondante, la dolce lancia.

Ricorda, ragazza, sei il cuore di una canzone,
un'energia senza fine, un dono, un'esplosione.
Sii fieramente te stessa, in ogni avventura,
sei l'arte della vita, la tua forza è pura.

EMILY J. COLLINS

Speciale

Tu sei speciale,
cerca di ricordarlo sempre
anche quando ti sembra
che nessuno se ne accorga abbastanza
che non ti venga data
la giusta Importanza.

Tu sei speciale,
custode di stelle in notti d'incanto.
Quando l'ombra tenta di offuscare la tua luce,
ricorda, sei la melodia di un'arpa dolce.

Giorno e Notte

Ogni giorno è un capitolo, ogni sorriso una vittoria,
nella tua storia, scrivi con passione e gloria.
Sotto il cielo aperto, dove l'avventura fiorisce,
sei la poesia viva, l'anima che ringiovanisce

Nella danza dell'esistenza, traccia il tuo cammino,
ogni passo una melodia, un inno al destino.
Sotto il cielo aperto, dove il sole abbraccia la terra,
senti la forza dell'amore, che tutto disserra.

Ogni notte che abbraccia il giorno,
riscrivi la tua storia con coraggio e ritorno.
Sotto il cielo aperto, dove il tempo è un alleato,
senti la potenza della vita, il suo palpito innato.

EMILY J. COLLINS

Risveglio

Ogni risveglio è una nuova pagina,
nella tua storia, scrivi con fede e determinazione.
Con ali di speranza, vola oltre l'orizzonte,
dove sogni e realtà danzano in perfetta unione.

Ogni tua lacrima è una pioggia rigenerante,
nutri l'anima, fai fiorire il tuo cuore pulsante.
Sotto il cielo aperto, dove l'attesa è promessa,
sei l'arte, sei la vita, sei la tua stessa certezza

La Ragazza col Cuore Infranto

Non cercare sempre di Essere Speciale,
Di farti notare dagli altri,
Di farti Piacere, Apprezzare.
Ricorda solo di essere te Stessa,
E Va gia' benissimo cosi' come sei.

Ricordarlo Sempre….*Sei Bellissima!!!*

EMILY J. COLLINS

Nessun dolore è eterno.
Lascialo fluire,
perché il tempo guarirà e tu sorridi di nuovo,
più forte di prima.

Se il peso di questo dolore sembra insostenibile,
ricorda che la tua forza è più grande di ogni sfida.
La risata tornerà, e sarà la tua vittoria

EMILY J. COLLINS

In questi momenti difficili, il peso che senti sembra insostenibile.
Ma come le onde che si infrangono sulla riva,
anche il dolore si placa con il tempo,
lasciando spazio a una nuova calma e serenità.

Dolore

Il Dolore che si posa sulle tue spalle è come una tempesta, ma sappi che anche le tempeste hanno un termine.
Tra le nuvole grigie,
il sole della tua rinascita attende paziente di brillare di nuovo.

Il tuo Dolore è come un passaggio temporaneo in un libro infinito.
Sappi che la trama cambierà, i capitoli osceni lasceranno spazio a quelli illuminati.
Quello che stai vivendo ora è solo un passo verso la tua rinascita.

Ogni Dolore è come un tatuaggio temporaneo sulla tua anima.
Può sembrare indelebile ora, ma con il passare dei giorni, svanirà.
La risata che sembra così lontana oggi diventerà la melodia della tua gioia.

EMILY J. COLLINS

Il presente può sembrare un labirinto oscuro, ma la luce dell'esperienza lo attraverserà.
Non sottovalutare la tua forza.
Presto guarderai indietro e riderai delle lacrime che oggi sembrano così pesanti

Cuore Infranto

Il cuore infranto è come una poesia triste,
ma ogni poesia ha un ritmo che può cambiare.
Il tuo cuore imparerà una nuova melodia,
e la tua risata sarà la chiave di un capitolo di gioia.

EMILY J. COLLINS

La strada ora può sembrare impervia,
ma sappi che la tua resiliienza è una bussola.
Non ti perdi, solo stai raccogliendo i pezzi del tuo puzzle.
Presto, vedrai il quadro completo, e sarà un capolavoro di
rinascita.

Il peso che porti oggi è solo un capitolo,
non la storia completa.
Come un albero in inverno, stai preparando la tua rinascita.
Tra le radici del dolore, cresceranno i fiori della tua forza interiore.

EMILY J. COLLINS

Il dolore è come una notte buia,
ma sappi che ogni notte ha la sua alba.
La tua tristezza sarà la preludio di una gioia più profonda.
Cammina attraverso le ombre,
perché la luce attende di abbracciarti.

Nessun dolore è inutile.
Come l'argilla modella il vaso,
il tuo dolore plasmerà la tua forza.
Pensa a te stessa come a un'opera d'arte in evoluzione,
con ogni crepa che racconta una storia di crescita.

EMILY J. COLLINS

Novembre

Sulla strada, a metà strada verso casa,
Mi dispiace, amore mio, non voglio essere sola.
Quindi io, io sarò via fino a novembre,
Andate a segnare il vostro calendario.

Il telefono continua a squillare, il cuore continua a spezzarsi,
Le lacrime si confondono con la pioggia fuori.
Le strade vuote riflettono la mia solitudine,
In questa notte fredda, senza il tuo calore.

Novembre avanza con passo felpato,
Le foglie cadono, i cuori si sgretolano.
Ma io, nel mio silenzioso esilio,
Coltivo la speranza di un ritorno, di un nuovo inizio

La forza che cerchi dentro di te è più grande di qualsiasi dolore che hai vissuto. Sarai più forte di quanto pensi.

EMILY J. COLLINS

Il tuo valore non dipende dal modo in cui qualcun altro ti ha trattato. Trova la tua forza nel tuo amore per te stessa

Le ferite guariscono, e con il tempo, imparerai che la felicità può nascere anche dalle ceneri di un amore passato.

EMILY J. COLLINS

La Ragazza Col Cuore Infranto

Nella notte silenziosa, ombre di tristezza la circondano,
La ragazza col cuore infranto, un mondo che si sgretola piano.
I suoi occhi raccontano storie di dolori sommessi,
Mentre il cuore piange in un silenzio profondo.

I sogni che una volta danzavano vivi,
Ora sono frammenti di promesse non mantenute.
Le risate dimenticate risuonano nell'eco del passato,
Mentre il dolore diventa il suo compagno più casto.

Le cicatrici sulla pelle raccontano di battaglie perse,
E la sua anima, una poesia di amore disperso.
Il suo sorriso spezzato, un'opera d'arte dolorosamente bella,
In un mondo che sembra aver dimenticato il significato di candore.

Ma nella sua vulnerabilità, trova forza,
La ragazza col cuore infranto, un'opera d'arte in balia del destino.
In ogni lacrima, c'è la forza di un nuovo inizio,
E nel suo cuore spezzato, il potere di un amore che guarisce.

Spero che tu possa vedere le Persone esattamente per quelle che sono, e non per quello che immagini che siano

EMILY J. COLLINS

Solitudine

Nella quiete della notte, sola mi ritrovo,
Ombre danzano sulle pareti, silenziose testimoni
Di un amore svanito, come foglie portate via dal vento,
Nel freddo abbraccio della solitudine.

Il letto vuoto è un mare di ricordi,
Dove il tuo profumo si perde nell'eco del passato.
Le lenzuola fredde raccontano storie di promesse infrante,
E il silenzio urla il tuo nome nell'oscurità.

Il tempo scorre lento, come sabbia tra le dita,
Mentre il cuore affogato nel dolore, implora pietà.
La solitudine diventa una compagna amara,
Che avvolge l'anima in un abbraccio di gelo.

Ma nel buio della notte, una luce sussurra speranza,
Che la solitudine non sia eterna, ma solo un breve passaggio.
Che dalla cenere di un amore finito, possa nascere qualcosa di nuovo,
E che la solitudine possa finalmente cedere al calore di un amore ritrovato.

Nelle pieghe dell'anima, una nuova forza si risveglia,
E la solitudine, una volta temuta, diventa solo un ricordo lontano.
Perché anche nell'abisso della notte più buia,

C'è sempre una stella pronta a illuminare il cammino verso la rinascita.

EMILY J. COLLINS

Alcune Persone torneranno nella tua vita dopo essere state deluse da persone che riputavano fossero meglio di te....

Lasciale Perdere.....

Le cicatrici del passato sono segni di sopravvivenza, non di debolezza. Ogni battaglia combattuta ti ha reso più forte e più saggio. Abbraccia la tua storia, con tutte le sue cicatrici, e lascia che diventi la fonte della tua forza interiore."

EMILY J. COLLINS

Non permettere alla paura di un nuovo inizio di trattenerti. Ogni fine è anche un nuovo inizio, e ogni caduta è un'opportunità per risorgere con una consapevolezza più profonda di te stesso. Sii gentile con te stesso, e ricorda che sei degno di amore, gioia e felicità, sempre e comunque.

Non lasciare che il fallimento di una relazione offuschi la tua luce interiore.
Sei un tesoro prezioso, con tanto da offrire al mondo e a te stesso.
Affronta il futuro con fiducia, sapendo che ogni sfida è un'opportunità per crescere e fiorire.

EMILY J. COLLINS

Nel cuore della tempesta, ricorda che sei più forte di quanto credi.
Ogni battaglia combattuta ti ha reso più resiliente e più saggio.
Sii fiera del tuo percorso e della persona straordinaria che sei diventata, grazie alle tue esperienze e alle tue sfide.

Ogni momento di dolore contiene il seme della trasformazione.
Accetta il tuo dolore come parte integrante del tuo viaggio e lascia che ti insegni le preziose lezioni che hai bisogno di imparare.
La tua resilienza e la tua forza interiore saranno la tua luce nel buio.

EMILY J. COLLINS

Anche se il cuore può sembrare spezzato,
è ancora capace di amare e di essere amato.
Apriti al potere del perdono, sia verso te stesso che verso gli altri,
e lascia che la tua capacità di amare ti guidi verso un futuro luminoso e pieno di speranza.

La Ragazza col Cuore Infranto

**Vali Troppo per essere
L Ogni Tanto di Qualcuno**

EMILY J. COLLINS

La Ragazza Solitaria e il Mare

Nella quiete di una notte stellata,
Una ragazza solitaria si avventura
Sulla spiaggia desolata, dove l'eco del mare
Canta la melodia della sua solitudine

Con i piedi nudi sulla sabbia umida,
Guarda l'orizzonte infinito, sospirando,
Il suono delle onde che si infrangono
Accompagna il battito del suo cuore affranto.

Il mare, con il suo eterno movimento,
Racconta storie di viaggi lontani e segreti nascosti,
E la ragazza solitaria ascolta con attenzione,
Nel tentativo di trovare risposte ai suoi tormenti.

Così, nella solitudine della notte,
La ragazza e il mare condividono il loro dolore,
Ma insieme, trovano la forza di guarire,
E di abbracciare il nuovo giorno con speranza e amore.

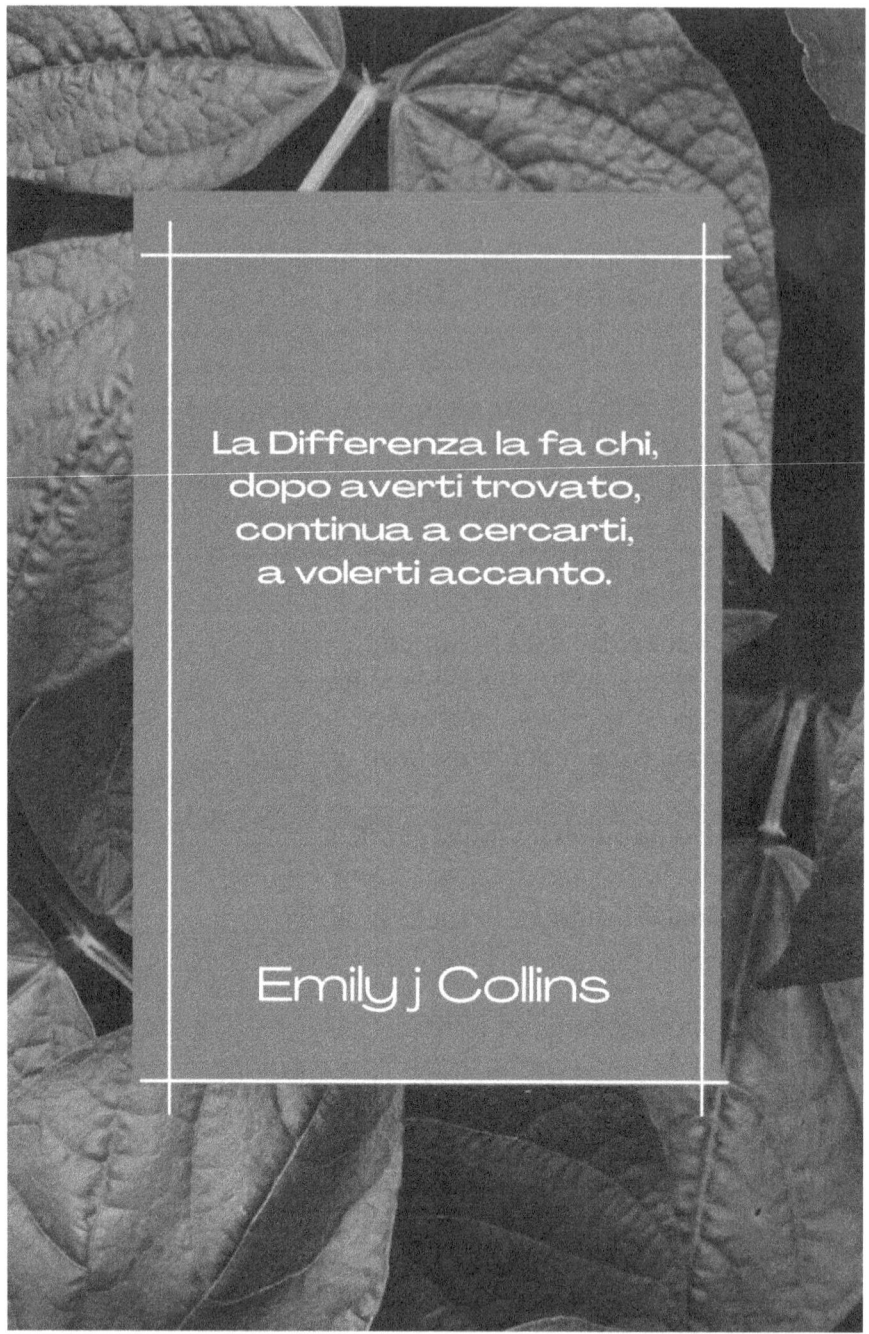

EMILY J. COLLINS

Soli Insieme

Ora siamo da soli,
Io qui, tu là,
Ma nei luoghi che abbiamo condiviso,
Ancora danziamo insieme,
Ogni ricordo, un riflesso,
Di noi due,
Imprigionati nell'eternità,
Come stelle nel cielo notturno.

Soli Insieme pt 2

Soli insieme, sotto il cielo vasto,
Dove il silenzio culla il nostro abbraccio,
Uniti nel dolce sussurro del vento,
I nostri cuori danzano nel tempo.

Nelle nostre solitudini intrecciate,
Trova rifugio l'amore, puro e senza fine,
Come due fiori nel deserto arido,
Insieme, soli, nel nostro mondo condiviso.

Sotto il manto di stelle risplendenti,
Noi siamo l'universo, eternamente presenti,
Soli insieme, nella nostra magica armonia,
Dove ogni istante è un'infinita poesia.

EMILY J. COLLINS

L'amore è come il sole: illumina e riscalda tutto ciò che tocca.

La Ragazza col Cuore Infranto

A volte perdere
Ciò che si voleva salvare
Può essere la vera salvezza

EMILY J. COLLINS

L´Unica debolezza che avevo, e´ stata quella di Amarti. Amarti probabilmente, più di me quanto abbia amata me stessa.

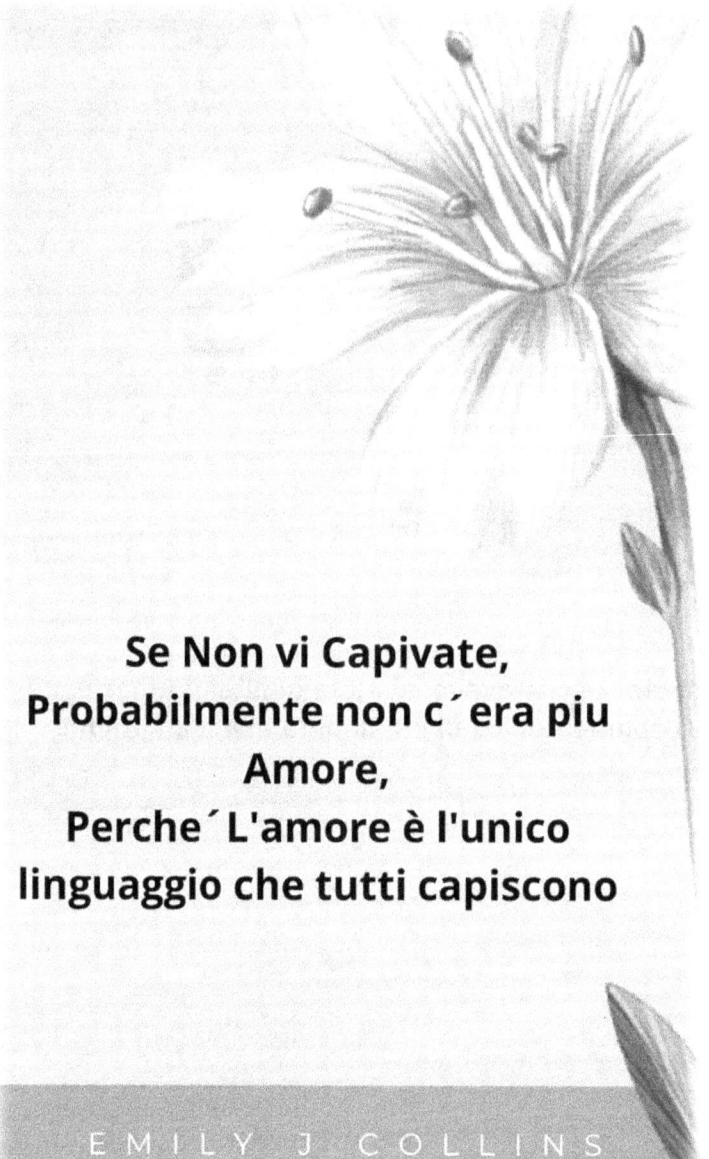

EMILY J. COLLINS

La Ragazza col Cuore Infranto

EMILY J. COLLINS

Grazie per aver viaggiato attraverso queste pagine, un percorso di emozioni e riflessioni. Se hai apprezzato questa esperienza letteraria e desideri rimanere in contatto, sarò felice di continuare il dialogo.

Puoi inviarmi i tuoi pensieri, le tue domande o le tue storie attraverso la mia casella email dedicata:

Emilyj.collins97@hotmail.com

Per immergerti ancora di più nel mondo delle parole, puoi seguirmi su Instagram: @emilyjcollins97 .
 Qui condividerò frammenti di vita, ispirazioni quotidiane e, naturalmente, nuovi progetti letterari in arrivo. E se mi seguirai entrerai pure tu a fare parte di questo fantastico Mondo.

Il viaggio non finisce qui. Grazie per essere stato/a parte di questa avventura, e spero di continuare a condividere storie e pensieri con te in futuro.

Con Immensa Gratitudine,

Emily J. Collins

www.ingramcontent.com/pod-product-compliance
Lightning Source LLC
Chambersburg PA
CBHW070951080526
44587CB00015B/2266